PLANETA ANIMAL

EL PINGÜINO

POR VALERIE BODDEN

CREATIVE EDUCATION • CREATIVE PAPERBACKS

Publicado por Creative Education
y Creative Paperbacks
P.O. Box 227, Mankato, Minnesota 56002
Creative Education y Creative Paperbacks son marcas
editoriales de The Creative Company
www.thecreativecompany.us

Diseño de The Design Lab
Producción de Rachel Klimpel y Mike Sellner
Editado de Alissa Thielges
Dirección de arte de Rita Marshall
Traducción de TRAVOD, www.travod.com

Fotografías de Alamy (Danita Delimont Creative, REDA
&CO srl, Robert German), Dreamstime (Martinmark),
Getty (Bill Curtsinger, Darrell Gulin, Flip Nicklin, John
Eastcott and Yva Momatluk, Joseph Van Os, Ty Milford),
iStock (Jan Will), Shutterstock (Eric Isselee, ikuyan, Ken
Griffiths, sirtravelalot)

Library of Congress Cataloging-in-Publication Data
Names: Bodden, Valerie, author.
Title: El pingüino / by Valerie Bodden.
Other titles: Penguins. Spanish
Description: Mankato, Minnesota: Creative Education and
Creative Paperbacks, [2023] I Series: Planeta animal
I Includes index. I Audience: Ages 6–9 I Audience:
Grades 2–3
Identifiers: LCCN 2021061056 (print) I LCCN
2021061057 (ebook) I ISBN 9781640266780 (library
binding) I ISBN 9781682772348 (paperback) I ISBN
9781640008199 (ebook)
Subjects: LCSH: Penguins—Juvenile literature.
Classification: LCC QL696.S473 B63418 2023 I DDC
598.47–dc23/eng/20211222
LC record available at https://lccn.loc.gov/2021061056
LC ebook record available at https://lccn.loc.
gov/2021061057

Tabla de contenidos

Los pingüinos son aves. Pero no pueden volar. En cambio, les gusta nadar. Sus alas cortas y rígidas se llaman aletas. Hay 18 tipos de pingüinos en el mundo.

El pingüino puede moverse en el agua tan bien como lo hace un pez.

La mayoría de los pingüinos tienen cuerpos que tienen forma de pinos de bolos. Están cubiertos de plumas. Los pingüinos tienen el lomo oscuro y el vientre claro. Algunos tipos de pingüinos tienen plumas amarillas o anaranjadas en la cabeza.

Los lomos oscuros ayudan a los pingüinos adultos a absorber el calor del sol.

Hay pingüinos de diferentes tamaños. Los pingüinos azules son los pingüinos más pequeños. Sólo miden 16 pulgadas (40,6 cm). Pesan menos que un bebé humano recién nacido. Los pingüinos emperador son los pingüinos más grandes. ¡Pueden tener cuatro pies (1,2 m) de altura y pesar hasta 90 libras (40,8 kg)!

El pingüino penacho amarillo es una especie pequeña.

*Muchos pingüinos viven
en el helado terreno de
la Antártida.*

Todos los pingüinos viven en el **hemisferio sur**. Muchos pingüinos viven en el **continente** de la Antártida. Allí hace mucho frío. Otros pingüinos viven en los continentes de América del Sur, Oceanía y África.

continente una de las siete grandes extensiones de tierra del planeta

Hemisferio sur la mitad sur o de la parte inferior de la Tierra

Los pingüinos alimentan a sus crías con lo que ellos comen, como el krill (izquierda).

Los pingüinos obtienen su comida en el agua. Muchos pingüinos comen peces pequeños como anchoas o sardinas. Otros pingüinos comen **krill**. Algunos pingüinos comen calamares.

krill diminutos animales acuáticos que parecen camarones

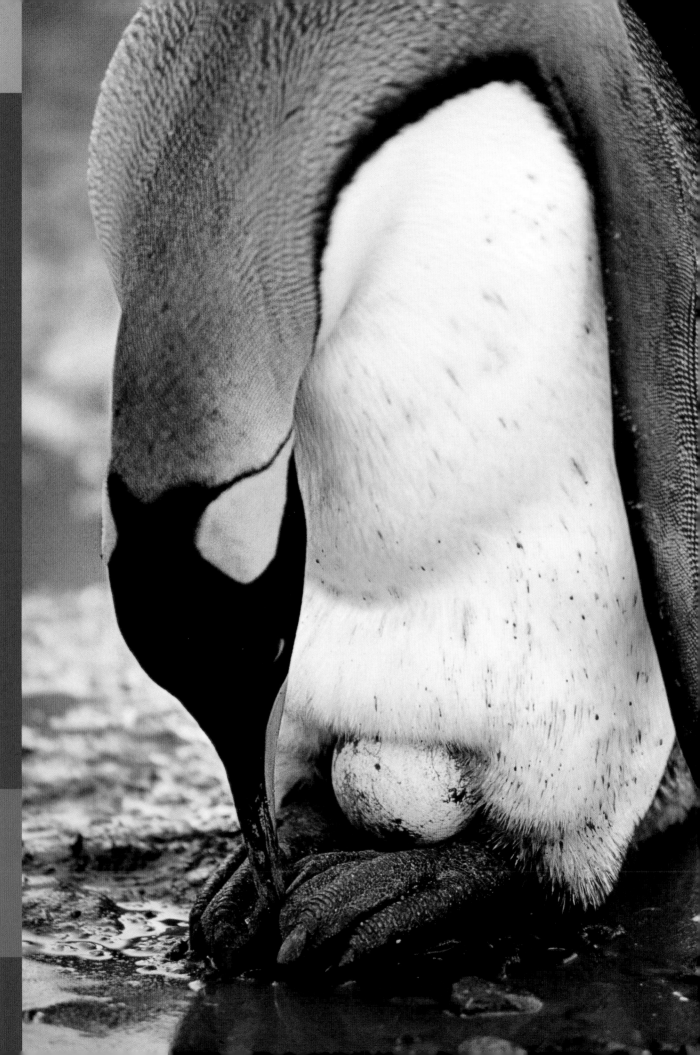

Los pingüinos emperador llevan sus huevos consigo en lugar de construir un nido.

Las hembras de pingüino ponen uno o dos huevos por vez. La pareja de pingüinos, macho y hembra, se turna para cuidar los huevos. Pronto, los polluelos salen de los huevos. Están cubiertos con **plumón** suave. Cuando tienen plumas de adultos, abandonan a sus padres. Los pingüinos en libertad pueden vivir de 15 a 20 años.

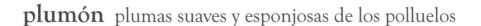

plumón plumas suaves y esponjosas de los polluelos

Los pingüinos pasan mucho tiempo nadando en busca de comida. Agitan sus aletas para moverse por el agua. Algunos pingüinos permanecen en el agua durante muchos meses seguidos.

Los pingüinos nadan juntos para buscar comida.

*En algunos grupos puede
haber miles de pingüinos.*

Cuando los pingüinos están en tierra, se reúnen en grandes grupos. ¡Los grupos son ruidosos! Los pingüinos pueden graznar y rebuznar.

rebuznar hacer un sonido como el que hace un burro

La mayoría de las personas no viven cerca de los pingüinos. Pero a mucha gente le gusta ver a los pingüinos en los zoológicos. ¡Es divertido verlos nadar en el agua o deslizar sus panzas sobre el hielo!

Los pingüinos pueden deslizarse más rápido de lo que caminan.

Un cuento del pingüino

¿**Por** qué son tan grandes los pingüinos emperador? En América del Sur se cuenta una historia sobre una inundación que sucedió hace mucho tiempo. El agua cubrió el mundo entero. La gente tenía que vivir en el agua. Algunos treparon a grandes capas de hielo donde vivían pequeños pingüinos. Después de un tiempo, la gente se convirtió en pingüinos. Eran los pingüinos más grandes de todos: ¡los pingüinos emperador!